# CRISTINA CONTILLI

# SCRITTRICI ITALIANE E STRANIERE AMICHE E CORRISPONDENTI DI SILVIO PELLICO

Lulu.com

3101 Hillsborough Street

Raleigh, NC 27607

USA

Printed in 2013.

Prima edizione: settembre 2012

Prima ristampa: dicembre 2012

Seconda ristampa (con l'aggiunta di nuove immagini):
settembre 2013

Per comprare la versione cartacea con le immagini in bianco e nero:

http://www.lulu.com/shop/cristina-contilli/scrittrici-italiane-e-straniere-amiche-e-corrispondenti-di-silvio-pellico/paperback/product-21190790.html

Per comprare la versione cartacea con le immagini a colori:

http://www.lulu.com/shop/cristina-contilli/scrittrici-italiane-e-straniere-amiche-e-corrispondenti-di-silvio-pellico-edizione-con-le-illustrazioni-a-colori/paperback/product-20428890.html

Per scaricare l'e-book:

http://www.lulu.com/shop/cristina-contilli/scrittrici-italiane-e-straniere-amiche-e-corrispondenti-di-silvio-pellico/ebook/product-20463077.html

# Introduzione

Nel libro di Miriam Stival intitolato "Un lettore del Risorgimento. Silvio Pellico"[1] un ampio e interessante capitolo è dedicato alla lettura al femminile e a questo proposito sono ricordati i rapporti epistolari di Pellico con Quirina Mocenni Magiotti (una delle numerose amanti del Foscolo, ma soprattutto colei che dopo la morte del Foscolo si preoccupò di conservare e far pubblicare i suoi manoscritti), con la poetessa e autrice di commedie per l'infanzia e di un poema epico Massimina Fantastici Rosellini, con la scrittrice francese di romanzi a sfondo morale Sophie Pannier, con la stessa Giulia Falletti Di Barolo che, oltre a dedicarsi alle opere di carità, era anche una lettrice sia di libri di devozione sia di romanzi.

E proprio il romanzo era considerato da Pellico e dai romantici del Conciliatore la lettura preferita dalle donne che nel futuro sarebbero andate a costituire un nucleo di lettori decisivo all'interno del mercato editoriale (cosa che è poi effettivamente avvenuta poiché oggi le lettrici rappresentano indubbiamente una percentuale consistente sia all'interno dei cosiddetti lettori forti sia nell'ambito più specifico dei romanzi).

Le scrittrici e lettrici citate dalla Stival sono soltanto, però, una minima parte delle amiche, corrispondenti, e ammiratrici del Pellico che aveva tra i suoi contatti nomi insospettabili come la femminista francese Louise Colet o la poetessa di origine greca Angelica Palli, fuggita da casa per sposare l'uomo che amava.

---

[1] M. Stival Covolo, "Un lettore del Risorgimento. Silvio Pellico", Pisa, Istituti editoriali e poligrafici, 1996.

Lavorando sull'epistolario del Pellico ho scoperto proprio questo mondo vario e a volte imprevedibile di scambi di lettere, di versi, di pareri, che mi sembra utile ricostruire, dedicando ad ogni autrice una scheda e spiegando come è entrata in contatto con il Pellico e cosa questa collaborazione ha prodotto.

**Cristina Contilli, autunno 2012 (revisione agosto-settembre 2013)**

**La lettrice di Faruffini, un quadro dell'800 che esprime bene la passione delle donne dell'epoca per la lettura.**

# INDICE:

MARCELLINE DESBORDES-VALMORE

Villa Trivulzio ad Omate in una stampa dell'800.

## CRISTINA ARCHINTO TRIVULZIO (1799-1852)

Balbianino, 20 agosto 1819: *"Non voglio più amare - se posso. - Disgraziatamente v'è quella compagna delle passeggiate mie solitarie, quella fanciulla di 20 anni, quella che mi porgeva il latte, dopo averlo libato colle sue labbra - la sua immagine è qui, profondamente scolpita; ma no, non sarà amore. Non abbiamo proferito altro nome che quello di amicizia. - Il pericolo era passato, tutta la brigata s'era sciolta; io era venuto via da Balbianino; stavamo qui alla Cascina, Porro ed io - quand'ecco una sera -*

7

*eravamo mezzi addormentati sopra un sofà - compariscono dei cappellini - tre donne; la madre e le due figlie - io balzai come un innamorato di 15 anni."* (S. Pellico, lettera a Ferdinando Rossi di Vandorno)[2]

Torino, 22 giugno 1847: *"Madame Mon devoir aurait été d'aller vous présenter mes devoirs en personne et j'aurais été trop heureux de le remplir. Madame, Je compte sur votre indulgence. Permettez moi en la réclamant de vous dire encore combien j'ai été touché de l'aimable visite dont vous avez daigné m'honorer. Si ces grandes chaleurs ne nuisaient pas à ma santé toujours si faible je n'aurais pas manqué d aller vous en remercier moi-même. A mon sentiment de reconnaissance se joint celui du haut respect que m'inspire en vous Madame l'accord du mérite intellectuel et de la bonté. Quand cet accord ne serait pas attesté par tout le monde on le devinerait en vous voyant. C'est aussi l'avis de notre excellente amie madame la marquise de Saint Thomas.* »[3]

*"An old lady with very fine eyes, who wore an enormous brooch of cracked malachite, and gave herself out as the widow of a Roman exile."*[4]

Cristina era una delle quattro figlie del marchese Gian Giacomo Trivulzio, uomo colto, studioso di Dante e amico del poeta Vincenzo Monti e della marchesa Beatrice Serbelloni.

---

[2] S. Pellico, "Lettere milanesi (1815-1821). A cura di Mario Scotti", Torino, Loescher-Chiantore, 1963.

[3] In corso di pubblicazione nell'edizione critica delle lettere in francese del Pellico.

[4] Ho trovato questa descrizione in un libro del 1879, in realtà Cristina a Roma aveva la figlia minore Beatrice sposata con il principe Altieri e forse dopo la separazione dal marito aveva trascorso un periodo da lei. Una donna di 50 anni poteva essere considerata nell'800 un old lady.

Silvio Pellico frequentava a Milano il salotto della Serbelloni Trivulzio e d'estate era spesso ospite della sua splendida villa ad Omate nei pressi del lago di Como.

Proprio ad Omate Pellico si trovava nell'ottobre del 1818 quando si suicidò il suo ex allievo Odoardo Briche e nella biografia del Pellico curata dal padre gesuita Ilario Rinieri è presente una lettera in francese attribuita erroneamente a Cristina Belgioioso Trivulzio (all'epoca Cristina aveva soltanto 8 anni), ma che è ragionevolmente attribuibile proprio alla Serbelloni Trivulzio in cui la nobildonna fa le condoglianze a Pellico per la morte di Odoardo che sapeva essere a lui particolarmente caro.[5]

Purtroppo non ho trovato lettere del Pellico alla Trivulzio risalenti al periodo 1818-1819, ma è senza dubbio lei la "marchesina Trivulzio d'un cuore tutto schiettezza e soavi sentimenti" di cui Pellico parla in una lettera del 20 agosto 1819, indirizzata all'amico Ferdinando Rossi Di Vandorno.

Pellico era senza dubbio innamorato della Trivulzio, ma la differente condizione sociale e il fatto che lei fosse già promessa al conte Giuseppe Archinto che sposerà per procura nel novembre del 1819 terranno per molti anni lontani i due innamorati di un'estate felice, ma fin troppo breve.

A Cristina sono dedicati alcuni versi contenuti in una cantica, intitolata Le Chiese, in cui il Pellico ricorda una donna che aveva la possibilità di incontrare in una chiesa di Milano: "E in talun di quegli alberghi santi / Una donna io vedea ch'erami stella; / E a lei movendo i guardi miei tremanti, / S'umiliava mia ragion rubella /

[5] I. Rinieri, "Della vita e delle opere di Silvio Pellico, Primo volume", Torino, Libreria di Renzo Streglio, 1898; La Trivulzio (che si firma semplicemente Triulzi, il che può aver indotto in errore il Rinieri, portando a identificare il mittente di questa lettera con la Belgioioso Trivulzio) scrive che la perdita che ha fatto Pellico è "d'un genre que toute mère sensible y aurait pris part, mais ce que je puis bien vous assurer mon cher Pellico c'est que ... Ecrivez—moi. donnez-moi de vos nouvelles et ne doutez jamais de ma plus parfaite estime et sincère amitié. Trivulzi."

Mi parea ch'a me un angiolo davanti / Stesse per me pregando, e allora in quella / Amica del Signor ponendo io speme / "Ah, sì, diceva in ciel vivremo insieme!"

**Cristina Archinto Trivulzio in un ritratto del 1824.**

Nel 1836 in un albergo di Torino, dove alloggiava il conte Giulio Porro, Silvio Pellico incontra la contessa Cristina Archinto Trivulzio, la "marchesina Trivulzio d'un cuore tutto schiettezza e soavi sentimenti", che non vedeva dall'estate del 1819 e confida in una lettera indirizzata al conte Luigi Porro (padre di Giulio): "Qui nello stesso albergo ov'è Giulio sono gli Archinto e jeri ho riveduto la contessa Cristina ch'è sempre buona, schietta e naturale come quando era ragazza. Ed essa non è di que' Milanesi che hanno paura di dispiacere all'Austria se mi vedono. Debbo pur dire che di que' paurosi ve ne sono pochi. Infinite sono le dimostrazioni di stima che apertamente mi si fanno dagli antichi conoscenti."

Silvio Pellico sa tuttavia che Cristina è una donna sposata e che il rapporto con lei non può superare i limiti dell'amicizia, ma, come dimostrano sia i versi della Cantica Le Chiese sia quelli della Cantica Le passioni, vive con un senso di malinconia e di rimpianto questa rinuncia.

Tuttavia non riesce a rinunciare completamente a lei, pur mantenendo il loro rapporto nei limiti dell'amicizia, come dimostra il fatto che in una lettera del 1843 chieda al conte Luigi Porro di salutargli Cristina (solo lei e non il marito).

E d'altra parte i versi d'amore scritti da Cristina per i riferimenti che contengono possono essere dedicati solo a Pellico... io credo che questa storia d'amore possa aver avuto in qualche modo un finale parzialmente positivo con Silvio e Cristina che si sono sposati anche se solo civilmente dopo il suo divorzio dal conte Archinto (Cristina aveva come Trivulzio la cittadinanza svizzera o più precisamente del Canton Ticino che le permetteva di divorziare).

Foto probabile di Cristina dello studio Richard di Ginevra
(Per un privilegio concesso nel 1808 alla famiglia Trivulzio
Cristina godeva della cittadinanza del Canton Ticino come sua
cugina che nel 1831 ne aveva beneficiato per evitare di essere
arrestata dalla polizia austriaca).

All'inizio avevo pensato che Cristina potesse aver ottenuto l'annullamento del suo matrimonio, ma era una procedura più complessa e dalle poche testimonianze dell'epoca risulta che il conte Archinto tenesse a Cristina e quindi difficilmente avrebbe accettato di portare avanti un annullamento che avrebbe richiesto anche il suo consenso e che avrebbe anche comportato l'esposizione di fronte ad un tribunale ecclesiastico di particolari riguardanti la sua vita intima.

## GIULIA MOLINO COLOMBINI (1812-1879)

Torino, 6 agosto 1849: *"L'animo mio contristato da tanti miseri avvenimenti e da sventure di amici, riceve da lei, gentilissima signora, un sollievo, un benefizio. La ringrazio del suo dono. Non so definire qual sia l'incanto de' nobili suoi versi, ma leggendoli ho provata quella soave contentezza che fa qualche momento dimenticare i dolori. Il bello intellettuale e morale è così raro a' nostri tempi! Pochi scrittori oggidì m'appagano: i più, benché ricchi d'ingegno, mi paiono troppo verbosi, intemperanti, malevoli. Hanno perduto l'idea del bello e pietoso, e sono guastamestieri in letteratura, in filosofia, in politica. Godo quando trovo eccezioni, e mi consolo come allorché tra facce burbere se ne vede qualcuna che spiri amicizia."*[6]

Giulia Molino Colombini era una scrittrice e pedagogista di Pinerolo che Silvio Pellico aveva conosciuto probabilmente intorno al 1840 grazie al padre filippino Gian Gioseffo Boglino.

Rimasta vedova ancora giovane la Molino Colombini si era dedicata all'educazione del suo unico figlio e agli studi letterari e pedagogici che le avevano fruttato la stima non solo del Pellico, ma anche del Gioberti e di altri scrittori contemporanei appartenenti all'ambito del liberalismo moderato cattolico.

Dopo l'unità d'Italia aveva ottenuto anche un incarico presso il ministero della pubblica istruzione in linea con le sue ricerche sul tipo di studi a cui indirizzare le donne che secondo la Colombini dovevano avere la possibilità di istruirsi perché questo le avrebbe aiutate nella gestione personale e familiare.[7]

---

[6] S. Pellico, "Lettere al fratello Luigi e agli scrittori piemontesi (1832-1853", Raleigh, Lulu.com, 2012 (seconda edizione).

[7] "Giulia Molino Colombini nasce a Torino nel maggio del 1812. La sua è una famiglia agiata. Si sposa a vent'anni con un medico, ma appena due anni dopo rimane vedova, con un figlio, Camillo. Erudita di studi classici, scrive racconti storici e poesie patriottiche. La sua opera poetica più nota è "I canti alle città italiane", grazie alla quale meritò gli elogi di Gioberti (che la soprannominò "l'Alfieri donna"), Pellico e Brofferio. Partecipò spesso a concorsi letterari, piazzandosi sempre in ottime posizioni. Tra le sue occupazioni c'è l'educazione femminile. Giulia era fermamente convinta della necessità di diffondere nelle donne la cultura. Appassionata di pedagogia, nelle donne mirava a rafforzare soprattutto l'intelletto, per cui consigliava una solida base culturale. I suoi sforzi furono coronati nel 1879. La chiamarono a Roma per partecipare ai lavori della Commissione ministeriale per la scelta dei libri scolastici. Morì a Torino il 3 agosto 1879 e venne sepolta nell'arcata dedicata dal Comune ai suoi figli illustri, vicino a Vincenzo Gioberti e a Silvio Pellico, per il contributo da essa dato all'unità d'Italia. (Scheda biografica tratta da: http://www.italiaunita150.it/sala-stampa/le-donne-del-risorgimento/giulia-molino-colombini.aspx)

## FELICIA GIOVIO (1781-1849)

Milano, 7 settembre 1819: "*Avermi mandato un bellissimo sonetto da aggiungere ne' miei souvenirs, un sonetto contenente il più delicato, il più santo de' pensieri — avermi scritto una seconda volta — e sempre cose si gentili, si lusinghiere — e ricevere così tardi una risposta...*

*è ben altro che penitenza quella a cui mi sottometto; è un guiderdone deliziosissimo intendo l'obbligo religioso di recitare spesso non il rosario, non l'ufficio — ma i bei sonetti di cui Ella, signora Marchesina, mi ha fatto dono..."*

**Milano, 8 ottobre 1819:** *"Le donne sole fanno prodigi, non me ne maraviglio: sono creature fra l'angiolo e l'uomo. E' un vero prodigio il suo, ottima Felicia, d'avere indotto il modesto, il ritroso Perpenti a farmi un così bel regalo. Quei versi sono realmente buoni, e annunziano un anima calda di sentimento e dotata di un gusto fino. Scrivo al gentile poeta di vincere tutti gli ostacoli e di coltivare la sua felice disposizione alla poesia. (...) Milano è un turbine vorticoso che aggira gli uomini senza lasciarli in posa mai. E' impossibile qui d'essere poeta. Si può ben essere operatore, critico, politico, tutto ciò che non innalza la fantasia sino al bello ideale, ma questo bello ideale, - la poesia - oh per attingerla ci vuol pace campestre, solitudine, compagnia tranquilla! Grumello! Grumello! Tu avrai sovente le mie rimembranze e il mio desiderio! (...)"*[8]

Felicia Giovio era figlia del marchese Giovan Battista Giovio che Pellico aveva conosciuto attraverso il Foscolo che era stato innamorato di Francesca una delle sorelle di Felicia, anche se secondo Cesare Cantù le attenzioni del Foscolo non si erano limitate alla giovane e bella Francesca, ma anche alle sorelle maggiori Felicia e Vincenza.

Felicia aveva sposato nel 1801 un conte Porro Odescalchi imparentato con il conte Luigi Porro Lambertenghi presso cui lavorava all'epoca della lettera citata il Pellico, era, poi, rimasta vedova e si era risposata con il botanico e poeta Abondio Perpenti.

---

[8] Entrambe le lettere a Felicia Giovio sono tratte da: S. Pellico, "Lettere milanesi (1815-1821). A cura di Mario Scotti", Torino, Loescher-Chiantore, 1963.

Nell'edizione delle "Lettere milanesi" del Pellico curata da Mario Scotti sono presenti tre lettere indirizzate da Silvio a Felicia, delle tre oltre a questa è interessante la lettera del 7 settembre 1819 in cui Pellico ringrazia Felicia dell'invio di un sonetto. La Giovio scrisse, infatti, diverse poesie, una biografia del padre e una raccolta di racconti.

Secondo me Felicia Giovio è la donna sposata di cui Pellico era innamorato nell'inverno 1818-1819 a cui accenna in una lettera di quel periodo all'amico Ferdinando Rossi Di Vandorno, in una lettera del 1819 indirizzata dal Pellico alla marchesa Beatrice Serbelloni Trivulzio pubblicata da Cesare Cantù nel suo libro "IL Conciliatore e i carbonari", viene citata, infatti, una madame G. che Pellico aveva sperato invano di incontrare per Milano[9] e nella lettera all'amico

---

[9] « Je suis allé ce matin avant l'aube du jour me promener sur les boulevards dans l'espérance d'y trouver Mad. G. mais je n'ai point été heureux. J'achevais le tour de la ville, et c'était, je crois, 8 heures quand élevant les yeux au ciel pour me plaindre de l'inutilité de ma promenade, je remarquai sur la coupole du Dòme un phénomène qui m'a rempli d'étonnement. C'était trois étoiles et même quatre, si je ne me trompe, qui étaient descendues du ciel, sans doute pour répandre sur la terre les influences de leur bonté divine. —Je me suis prosterné comme un roi mage, bien décide de les suivre jusqu'à Bethléem, si elles m'appelaient à la connaissance de quelque nouveau mystère.... mais leur lumière était si éblouissante, que je craignis, un instant, comme Moise, d'être brulé vif par la grâce de Dieu. Elles eurent apparemment pitié de ma faiblesse, car bientôt elles s'éloignèrent pour s'approcher du clocher de S. Alexandre, près duquel elles disparurent (nel palazzo Trivulzio). » (S. Pellico, lettera alla marchesa Beatrice Serbelloni Trivulzio, la lettera è stata pubblicata dal Cantù che la data al 1815, ma io credo che vada invece datata al 1819 e che si riferisca non alla prima rappresentazione della Francesca del Pellico, ma alla messa in scena della tragedia che c'era stata nel 1819 e che aveva riscosso un grande successo tanto che Confalonieri si complimentò con il Pellico per l'accoglienza ricevuta dalla sua tragedia e per il fatto che il gusto e la sensibilità del pubblico fossero maturati al punto da poterla apprezzare pienamente, Mad. G. secondo me è Felicia Giovio di cui il Pellico era innamorato, ma a cui

Pellico accenna ad una donna sposata che il marito teneva confinata in provincia e Como rappresentava la "provincia" per i milanesi dell'epoca.

## MASSIMINA FANTASTICI ROSELLINI (1789-1859)

**Torino, 4 febbraio 1844:** *"Chiarissima Signora padrona mia eccellentissima. Erami pervenuta prima la sua lettera che gentilmente m'annunziava in dono un esemplare del suo Amerigo, ed il poema poi m'arrivò per mezzo del libraio Pomba. Io mi trovava al mio solito in misera salute, bisognoso di conforto, bramosissimo di*

non aveva il coraggio di rivelare i propri sentimenti).

*far qualche bella lettura; nessun libro più opportuno mi poteva giungere per recarmi dolce sollievo. Io non so lodare con sapienti osservazioni i libri che mi piacciono, e sol posso dirle, egregia Signora, che il poema suo ha avuto grande incanto su me. Alletta, strascina, ed offre mille generi soavi d'interesse poetico. La fama di Lei già sì splendida non può non ricevere un lustro segnalato anche da questo nobilissimo poema. Me ne consolo con Lei e colla nostra letteratura di cui la Massimina Rosellini è gloria sì distinta. Io poi per natura mia gusto molto le belle composizioni epiche ed i racconti di alte avventure, e l'Amerigo non mi lascia desiderar nulla. Taccio dell'eleganza tutta naturale e senza oscurità né sussiego, colla quale V. S. scrive; pochi, a parer mio, hanno questo pregio, ma sempre l'hanno quelle donne che son dotate di poetico genio. Intelletto donnesco è gentil cosa! Gradisca i sensi d'ammirazione e di gratitudine con cui ho l'onore d'essere di lei, chiarissima Signora, umilissimo e obbligatissimo servo."*[10]

Figlia della poetessa F. Sulgher, dopo aver composto poco più che ventenne una tragedia che era stata apprezzata anche dal Foscolo Massimina Fantastici Rosellini dedicò la stagione intermedia della propria vita alla gestione economica e affettiva della propria famiglia. Dopo il matrimonio dei figli (un maschio e quattro femmine) riprese in mano la propria carriera letteraria, pubblicando le commedie per l'infanzia composte negli anni precedenti e lavorò ad un lungo poema in ottave intitolato "Amerigo" dedicato alle imprese dell'esploratore Amerigo Vespucci che il Pellico apprezzo con toni entusiasti.

Come molte poetesse dell'epoca partecipò a strenne ed antologie, oltre a pubblicare con uno pseudonimo maschile un testo teatrale sulla seduzione di una giovane da parte di un nobile con pochi scrupoli.[11]

---

[10] S. Pellico, "Lettere alla poetessa fiorentina Massimina Fantastici Rosellini (1838-1844). Edizione critica a cura di Cristina Contilli", Raleigh, Lulu.com, 2012.

I manoscritti e le lettere della Rosellini sono conservati in massima parte nella Biblioteca Nazionale di Firenze.[12]

## QUIRINA MOCENNI MAGIOTTI (1781-1847)

[11] http://it.wikipedia.org/wiki/Massimina_Rosellini_Fantastici
http://www.treccani.it/enciclopedia/massimina-rosellini-fantastici/
[12] http://siusa.archivi.beniculturali.it/cgi-bin/pagina.pl?TipoPag=comparc&Chiave=353814&RicProgetto=personalita

Torino, 14 novembre 1830: *"La tua vita anacoretica a San Leolino è proprio secondo il mio cuore. E mi sentirei gran desiderio di dividerla con te. V'è nella tua offerta, oh anima veramente materna, una benevolenza sì cordiale, sì schietta, sì gentile, ch'io anelo più che mai di venirti a conoscere da vicino. Sono costretto di ritardare, ma tosto che potrò, mi metterò in pellegrinaggio pel tuo sospirato eremo. Ho sempre bramato di vedere la Toscana, ma non mai sì caldamente come dacchè nacque la nostra amicizia e le tue virtù mi costrinsero ad amarti; non mai, non mai sì caldamente come ora, che reduce da sì lunghe sventure, sento ancor più vivo il pregio della tua affezione e delle doti rarissime che t'adornano."*[13]

*"Non avrai tu per tragich'ira primo,*
*Potentissimo Alfieri, onde reliquia*
*Sì preziosa a me largì Quirina,*
*Tu che maestro all'arte mia più cara*
*Sì fortemente in giovinezza amai."*
**(Versi di Silvio Pellico dedicati a Quirina che gli aveva donato un orologio appartenuto a Vittorio Alfieri, probabilmente con l'augurio di eguagliarlo come autore di tragedie)**[14]

Figlia di una signora della media borghesia senese il cui salotto era frequentato anche da Vittorio Alfieri dopo aver perduto la madre ed essere stata educata in collegio Quirina venne convinta dal padre, ma soprattutto dalla contessa D'Albany a sposare Ferdinando Magiotti, benestante, ma affetto da un grave deficit cognitivo. Nonostante venisse nominata dopo pochi anni di matrimonio unica

---

[13] S. Pellico, "Lettere alla scrittrice fiorentina Quirina Mocenni Magiotti (1830-1847). Edizione critica a cura di Cristina Contilli, London, Lulu.com, 2010.

[14] S. Pellico, "Versi d'amore", Raleigh, Lulu.com, 2012. (inizialmente questi versi erano stati pubblicati in uno dei due volumi della "Poesie inedite" del Pellico, stampati a Torino nel 1837.

amministratrice dei beni del marito Quirina soffriva per un matrimonio in cui mancavano condivisione intellettuale e passione erotica e questa sua insoddisfazione la spinse nel 1812 a diventare l'amante di Ugo Foscolo che aiutò anche economicamente durante il periodo del suo soggiorno fiorentino.

Dopo la fine del loro rapporto Foscolo e la Mocenni rimasero amici e grato per il suo costante affetto Foscolo le propose anche di sposarlo. Nell'epoca napoleonica erano stati introdotti anche in Italia il matrimonio civile e il divorzio che vennero aboliti poi tra il 1815 e il 1816 nei vari stati italiani quindi il progetto era fattibile (oltre al fatto che, credo, fosse piuttosto facile dimostrare un difetto di volontà da parte di Ferdinando Magiotti), ma Quirina rifiutò, probabilmente perché temeva l'instabilità amorosa del Foscolo anche se la motivazione ufficiale fu il senso del dovere nei confronti del marito che non si sentiva di abbandonare a causa delle sue condizioni, oltre al fatto che nel 1815 era morto il suocero che non le aveva lasciato nulla, tranne un legato che avrebbe preso solo in caso di morte del marito, quindi, devono essere state certamente molte le motivazioni che condizionarono Quirina, da quelle affettive fino a quelle economiche.[15]

Con Silvio Pellico intrattenne una corrispondenza durata trent'anni iniziata nel 1816 quando Qurina si interessò per l'acquisto dei libri lasciati da Foscolo a Pellico prima di lasciare Milano per andare in esilio: Quirina, infatti, li comprò, facendosi promettere da Pellico di non rivelare a Foscolo la verità per non umiliarlo.

Interrottosi nel periodo 1820-1830 a causa della detenzione del Pellico lo scambio epistolare riprese dopo la sua liberazione e durò fino alla morte di Quirina nel 1847.[16]

---

[15] La questione viene spiegata nei dettagli nel libro di Umberto Ragozzino, "Il Risorgimento in un borgo rurale attraverso la vita di Quirina Mocenni Magiotti e di Pirro Giacchi", Firenze, Consiglio Regionale, 2011, scaricabile dal seguente link:
http://www.consiglio.regione.toscana.it/upload/eda/pubblicazioni/pub3977.pdf

Foto probabile di Nina Olivetti
scattata a Parigi intorno al 1870.

NINA OLIVETTI (1820-1890 circa)

[16] http://www.sanleolinodibucine.it/MagiottiFoscolo.aspx

Torino, 25 luglio 1845: *"Malgrado bei versi e belle terzine e poetici moti ed immagini, io esiterei a dare alle stampe questo componimento. V'è ingegno, ma non è tra le migliori produzioni dell'autrice, e vedesi il lavoro precipitoso d'una mente non tranquilla. Mi perdoni se la sincerità m'obbliga ad esser severo. (...) Uman non si dice al femminile V'è madre in fine di verso alla precedente terzina, e v'è qui di nuovo madre per rima, ché non si suol concedere. [...] Il componimento finisce con quella grande immagine dell'Arcangiolo Michele custode delle Alpi, ma ciò che l'autrice fa dire è troppo, e non regge coi fatti né colla verisimiglianza. Iddio gl'impone di lanciar fulmini sopra gl'invasori, e come diamine l'Italia è stata invasa più volte? Forse ci vorrebbe maggiore svolgimento di pensieri e bisognerebbe dire che se talvolta, per divine mire, i francesi invadono questa terra, i fulmini sono solamente sospesi, e non mancano d'essere vibrati. In tutto ciò nondimeno v'è sforzo e non giustezza."*[17]

Nina Olivetti era una scrittrice di origine ebraica amica di Quirina Mocenni Magiotti che quando si trasferì a Torino venne isolata a causa delle sue origine dall'ambiente letterario, Silvio Pellico sia per non deludere Quirina, sia perché riteneva certi pregiudizi sbagliati, la incoraggiò nei suoi primi tentativi letterari,[18] tanto che nella

[17]http://www.literary.it/dati/literary/c/contilli/lamicizia_di_silvio_pellico_con.html
Il testo integrale della lettera è stato pubblicato in S. Pellico, "Lettere alla poetessa fiorentina Nina Olivetti. Edizione critica a cura di Cristina Contilli", London, Lulu.com, 2010.
[18] «Ti ringrazio del libro che m'avverti avermi spedito dall'infelice Ebrea. Dico infelice per varie ragioni, e fra altre perché qui ogni galantuomo riceverebbe un Turco, un Indiano, senza gran ribrezzo, ma la società non fa grazia agli Ebrei; e se quella giovane è ben educata, soffrirà dello stato di vilipendio in cui rimane il ghetto. Quando avrò il libro, andrò a fare visita alla portatrice. Tu mi dici: Se non vuoi saperne di lei, ecc. certo, non la frequenterò, ma non mancherò nemmeno al debito di civiltà, che è legge universale, a cui solo m'avviene di mancare quando milita per me la buona

Biblioteca Nazionale di Firenze sono conservate quattro lettere del Pellico alla Olivetti, oltre ad un testo poetico intitolato "Addio ai Piemontesi" che la Olivetti scrisse prima di lasciare Torino per Parigi e a cui il Pellico fece quello che oggi chiameremmo editing, dando alla Olivetti suggerimenti lessicali e metrici.

La Olivetti a Parigi andò come corrispondente di una rivista femminile e in questa veste è stata studiata di recente in un volume curato da Ombretta Frau e Cristina Gragnani, intitolato "Sottoboschi letterari. Sei case studies fra Otto e Novecento."[19]

Nina Olivetti può essere considerata davvero un'autrice "minore" perché non l'ho trovata in strenne, antologie, testi di critica letteraria come le altre scrittrici prese in esame in questo volume ed è quindi interessante che Pellico le abbia dedicato lo stesso tempo ed energie, d'altra parte lo scrittore torinese Giorgio Briano nel 1861, pubblicando le lettere che Pellico gli aveva inviato nel corso della loro ventennale amicizia, ricorderà nel proprio libro la disponibilità che aveva avuto Pellico sia nei suoi confronti sia in quelli di altri giovani scrittori torinesi.

---

scusa del non potere. » (S. Pellico, *Lettere alla donna gentile*, , pubblicate a cura di L. Capineri-Cipriani, Roma, Società editrice Dante Alighieri, 1901, p. 174)

[19] La Olivetti non è una delle sei autrici studiate in questo libro, ma viene, comunque, citata come corrispondente da Parigi della rivista "La donna". Il libro è stato pubblicato nel 2011 ed è disponibile solo in formato kindle.

Il fatto che la Olivetti avesse composto dei versi per il compleanno della Barolo e soprattutto che fosse stata presentazione alla vestizione di due "Maddalene" (ossia due suore di uno degli istituti religiosi fondati dalla Barolo) mi aveva fatto pensare che durante il soggiorno torinese si fosse convertita al cattolicesimo, ma non ho trovato conferme a questa ipotesi in nessuno dei pochi libri sul giornalismo italiano di fine '800 dove la Olivetti viene brevemente ricordata.

## ANGELICA PALLI BARTOLOMEI (1798-1875)

Torino, 14 ottobre 1840: *"Chè se poi il desiderio gentile dell'illustre poetessa Angelica vuol limitarsi a poche righe autografe di me, eccole in una ottava , principio d'una d'una composizione abbozzata sulle umili virtù."* (Silvio Pellico lettera a Pietro Giuria)[20]

## LE UMILI VIRTÙ. FRAMMENTO.

*L' umiltà, o mammoletta, che ti copre,*
*Perchè tal simpatia ne' cuori istilla?*

---

[20] S. Pellico, "Epistolario. Raccolto e pubblicato per cura di Guglielmo Stefani, "Firenze, Le Monnier, 1856.

*Grande non è virtù sol quando in opre*
*Gloriose s'esercita e sfavilla;*
*Talor inclita è pure e non la scopre*
*Fuorchè d'intimo amico la pupilla:*
*Amo, o splendida rosa, il tuo decoro,*
*Ma al par di te la mammoletta onoro.*[21]

Nata a Livorno da un padre originario dell'Epiro Angelica Palli
(italianizzazione del suo nome originale) era conosciuta non solo per
le sue qualità come improvvisatrice di versi, ma anche per il suo
matrimonio che somigliava davvero ad un romanzo, essendo
arrivato a conclusione di un'avventurosa fuga da Livorno a Roma
per superare l'opposizione dei genitori di lui contrari al suo
matrimonio (La Palli era cristiana ortodossa, mentre Giovan Paolo
Bartolomei era cattolico).[22]

---

[21] S. Pellico, "Cantiche e poesie varie", Firenze, Le Monnier, 1860.
[22] Le lettere della Palli che ricostruiscono la sua avventurosa storia d'amore
sono state ritrovate di recente e pubblicate: http://angelicapalli.blogspot.it/
Le sue vicende private, ma anche la sua lotta per la libertà personale e
politica viene raccontata nel volume: "Angelica Palli Bartolommei L'amore
e il mare" di Anna Maria Bernieri.
"Angelica Palli nacque a Livorno il 22 novembre 1798 da genitori greci: il
padre, Panajotti, console greco a Livorno, era epirota, e la madre Dorotea
era lacedemone; di famiglia agiata, studiò con maestri molto noti
nell'ambiente livornese come il De Coureil, e iniziò a improvvisare versi
fino dall'adolescenza. Nel 1814 scriveva la sua prima tragedia, "Tieste", nel
1819 divenne membro dell'Accademia Labronica, assumendo il nome di
Zelmira, e continuò a organizzare riunioni letterarie nel salotto della sua
casa. Quando poi i greci iniziarono la lotta contro il dominio ottomano la
Palli concentrò il suo interesse sui problemi del suo popolo di origine,
trasformando il suo salotto letterario in un centro di raccolta di denaro e
soccorsi. Nel 1824 la scrittrice, unica donna a essere ammessa al Gabinetto
scientifico-letterario, fu ospite a Parigi di Giovan Pietro Vieusseux che la
invitò a collaborare all'Antologia, ma la Palli, non sentendosi in grado di
sostenere la collaborazione richiesta, non accettò la proposta. Intorno al '30

Negli anni '40 dell'800 la Palli viveva tra Livorno e a Torino e Pellico partecipò ad un'antologia poetica da lei curata.

Il fatto che nella lettera a Pietro Giuria Silvio Pellico la chiami per nome e il fatto che lo scrittore, di solito restio a partecipare ad antologie varie, faccia un'eccezione per lei, lascerebbe supporre che la conoscesse personalmente o che comunque ci fosse stato tra loro uno scambio epistolare, ma purtroppo non sono riuscita a rintracciare nessuna lettera del Pellico alla Palli che risulta, invece, presente come corrispondente negli epistolari di Manzoni e De Sanctis.

---

sposò Gian Paolo Bartolommei, nobile di origine còrsa e patriota, e, nel 1832, nacque il figlio Lucianino. In quegli anni Angelica Palli scrisse soprattutto prose e novelle di ispirazione sociale e pedagogica, si orientò verso la letteratura civile e iniziò a collaborare a giornali e strenne moderate, quali soprattutto "La Viola del Pensiero" di S. Giannini. Negli anni immediatamente precedenti alla prima guerra d'Indipendenza scrisse versi, rimasti per lo più inediti, e racconti storico sentimentali che raccolse poi in un unico volumetto intitolato "Racconti". Intensa fu la sua attività politica: nel 1847 si occupò dell'organizzazione delle milizie volontarie toscane e, l'anno successivo, prese a collaborare al giornale fiorentino "La Patria" inviando le notizie che le giungevano dal campo. Raggiunti il marito e il figlio in Lombardia per la precarietà della situazione, nel 1849 tornò a Livorno e si ritirò in campagna; qui, nel 1851, scrisse i "Discorsi di una donna alle giovani maritate del suo paese", in cui dimostra la necessità dell'educazione femminile e rivaluta il ruolo della donna nell'ambito della famiglia e della società." (Scheda biografica tratta da: http://siusa.archivi.beniculturali.it/cgi-bin/pagina.pl?TipoPag=prodpersona&Chiave=299&RicProgetto=personalita)

ROSA TADDEI

*In Arcadia Licori Partenopea*
*Poetessa estemporanea*

## ROSA (ROSINA) TADDEI (1799-1869)

*A due cultrici del bello*

*"Pensa, leggiadra Ottavia,*
*Quanto al risorto vate*
*Nuove sien cure amate*
*L' arti ch' ei sempre amò!*

*E tu, Rosina amabile,*
*Pensa quest' alma quanto*
*Al tuo celeste canto*
*S'inebrii di piacer.."*[23]

*"Che le nove muse vengano di persona a salutarti perche elle ti mandano la Rosina Taddei loro amica e compagna."* (S. Pellico al conte Andrea Gabrielli)

Silvio Pellico aveva conosciuto la poetessa di origine napoletana Rosa Taddei, famosa per le sue abilità di improvvisatrice,[24] nel salotto della contessa Ottavia di Masino nel 1834, non risulta, però, che in seguito sia rimasto in contatto con lei.

---

[23] I versi di Silvio Pellico sono riportati in appendice all'edizione dell'epistolario del 1856 e sono tratti dall'album della contessa Ottavia Masino di Mombello che era un'apprezzata pittrice. L'identificazione della Rosina citata in questi versi con la poetessa Rosa Taddei è stata fatta Enzo Bottasso nel libro "Le edizioni Pomba 1792-1849", Torino, 1969.
[24] http://www.lib.uchicago.edu/efts/IWW/BIOS/A0368.html

MARY LOUISE BOYLE

*"TURIN, 21 AOUT 44: VOUS VOULEZ BIEN PERMETTRE à UN DES ADMIRATEURS DE VOTRE NOBLE TALENT POéTIQUE DE VOUS FAIRE SES COMPLIMENTS LES PLUS SINCèRES APRèS AVOIR LU VOTRE MELCHA... LE DRAME EST CONDUIT AVEC UN ART ADMIRABLE; IL Y A DES SCENES RAVISSANTES... IL Y A DE LA TéMéRITé DE MA PART, MADEMOISELLE, à OSER VOUS ENVOYER MON HUMBLE APPLAUDISSEMENT: JE SUIS UN PEU POèTE, LE BEAU M'EXALTE."[25]*

Figlia di un lord scozzese la Boyle ha avuto una vita ed una carriera letteraria lunghe e interessanti perché è stata poetessa, autrice di romanzi storici e di una tragedia di argomento biblico, ma anche giornalista di gossip e amante dello scrittore Charles Dickens.[26]

Si innamorò del Pellico probabilmente tra il 1832 e il 1833, dopo aver letto il suo libro di memorie e gli dedicò dei versi appassionanti, proponendosi di consolarlo delle sofferenze patite in carcere tanto che io penso sia da identificarsi con lei la "ricchissima signorina inglese" che, secondo le chiacchiere dell'epoca, Pellico avrebbe sposato o sarebbe comunque stato in procinto di sposare.

Pellico aveva all'epoca diverse ammiratrici, ma, in parte per le sue difficili condizioni di salute in parte per ragioni economiche, aveva deciso di rinunciare a sposarsi, perciò, credevo che la sua relazione con la Boyle si fosse chiusa nel giro di pochi mesi.

---

[25]http://www.christies.com/lotfinder/LotDetailsPrintable.aspx?intObjectID= 984797

[26]http://www.literary.it/dati/literary/c/contilli/sulle_tracce_della_poetessa_m ary.html

**Mary Louise Boyle.**

In tempi relativamente recenti è venuta, tuttavia, fuori sul mercato antiquario una lettera del Pellico alla Boyle datata 1844 il che rende la questione del loro rapporto più interessante, ma anche più difficile da ricostruire: diventa difficile da stabilire, infatti, se i due abbiano continuato in questi dieci anni a scriversi regolarmente o se Pellico si sia limitato a rispondere alla Boyle che dopo un periodo di silenzio gli aveva inviato la sua pubblicazione più recente.

La risposta fredda della Boyle potrebbe denotare la delusione da parte sua di essere ammirata solo dal Pellico come scrittrice, ma senza nessun accenno a qualcosa di più intimo e personale e d'altra parte questa lettera diretta alla Boyle somiglia molto come stile e contenuto alla lettera inviata sempre nel 1844 dal Pellico alla Fantastici Rosellini e quindi sembra essere il frutto di una stima soltanto letteraria.

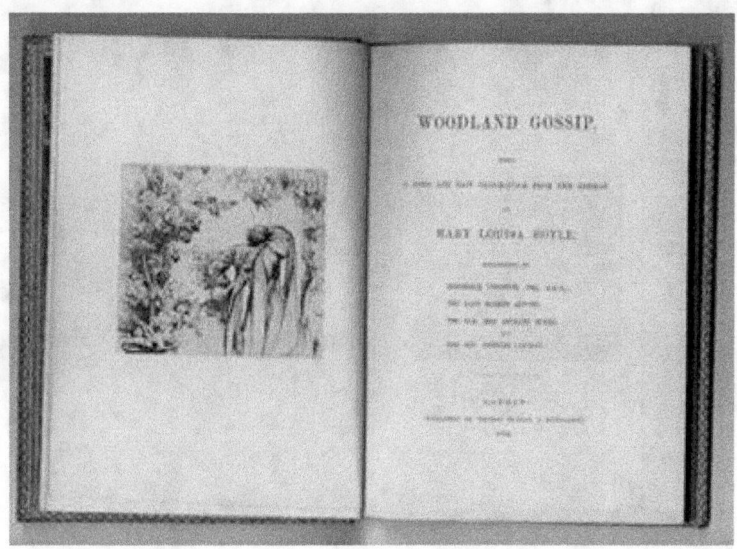

**Una pubblicazione di Mary Louise Boyle che scriveva poesie, testi teatrali, racconti e come collaboratrice di riviste dell'epoca anche articoli di gossip.**

L'unica frase forse più compromettente è quella in cui Pellico dice di essere un po' un poeta anche egli e ammette che "il bello lo esalta"

*Louise Colet*

## LOUISE COLET (1810-1876)

« *Noble Maroncelli, sublime Pellico. Martyrs de liberté que l'amitié rassemble, A la postérité vos noms iront ensemble.* » Louise Colet dalla raccolta "Fleurs du Midi" del 1836.[27]

Torino, 5 novembre 1841: "*Madame, Mr Quesneville me fait parvenir des vers trop beaux dont vous m'avez honoré me croyant mort. Votre bonté me touche, Madame, et pourtant il m'est impossible d'applaudir à votre charmante composition. Je ne me reconnais nullement su portrait que vous faites de moi; tant d'éloges m'humilient, ils me font doublement sentir ma nullité.*» [28]

---

[27] L. Colet, "Poésies choisies: Ce qui est dans le coeur des femmes ce qu'on rêve en aimant", Paris, Editions Myoho, 2011.

[28] R. De Cesare, "Silvio Pellico e Louise Colet" in "Giornale storico della letteratura italiana", XC, 1973, pp. 350-362.

La giornalista e poetessa Louise Colet sembra come percorso culturale e idee politiche molto lontana dal Pellico, eppure è lei stessa a confessare nel 1841 in una lettera ad un'amica che il suo "eroe" le ha scritto, rispondendo all'invio del suo volume di poesie.[29] Appena ventenne la Colet aveva letto, infatti, nel 1833 "Le mie prigioni" e si era innamorata del Pellico che vedeva come un eroe romantico che soffriva in carcere per la libertà del proprio paese senza perdere mai dignità e coraggio.

Sull'onda di queste emozioni aveva scritto dei versi dedicati a Pellico e al suo compagno Maroncelli che all'epoca viveva a Parigi, altri versi li aveva scritti ormai più matura e meno romantica nel 1841 dopo che si era diffusa la falsa notizia della morte del Pellico e Silvio che era ironico e non disprezzava le scrittrici gentili e di talento si affrettò a scrivere due lettere nel giro di pochi mesi alla Colet ringraziandola per l'invio del suo libro, ma anche per i versi composti in sua memoria, ma rallegrandosi nello stesso tempo con lei per essere ancora vivo.

---

Madame / **Madame** Louise Colet / rue Bréda, 2 Paris. (Avignon, Bibliothèque Calvet, 6412, f. 5220)

[29] "La personne de Turin qui vous avez envoyé mes vers sur Silvio Pellico les a remìs fidèlement à mon héros et i'ai recu hier de lui une lettre de remerciement.»

Una ristampa del romanzo "L'athée" di Sophie Pannier.

## SOPHIE (TESSIER) PANNIER (1793-1859)

*"Enfin, je ne puis oublier une femme modeste et de talent, l'amie de Silvio **Pellico**, madame **Sophie Pannier**, dont l'esprit fin, délicat, et bien fait pour saisir les beautés intimes de la poésie populaire"*[30]

*"Divota e pedante è la metà più del bisogno, disse D'Olbreuse gettando via con isdegno le Prigioni di Silvio Pellico, che gli erano venute in mano."* (Nel romanzo L'ateo, il protagonista maschile getta via proprio il libro di Pellico che tanto aveva invece appassionato la sua fidanzata, il romanzo della Pannier venne pubblicato in Italia nel 1838, ma Pellico l'aveva già letto due anni prima in francese e da lì era iniziato il suo scambio epistolare con l'autrice. Una corrispondenza inedita di Silvio Pellico, riguarda le undici lettere francesi del Pellico a Sofia Pannier edite nella Revue Augustinienne del 1907. Di recente sono venute fuori sul mercato

---

[30] Théodore Hersart La Villemarqué (a cura) Chants populaires de la Bretagne, Editions du Layeur, 1999, p. 19.

**antiquario anche due lunghe lettera della Pannier al Pellico scritta rispettivamente nel 1836 e nel 1839)**[31]

---

31 [Silvio PELLICO]. Sophie Pannier, femme de lettres. L.A.S., 12 novembre 1836, à Silvio Pellico, à Turin; 3 pages et quart in-4, adresse, cachet cire rouge (pet. trou par bris du cachet avec perte de qqs lettres). Longue et belle lettre de l'auteur de L'Athée. Elle n'avait effectivement pas autorisé la publication de sa lettre : «*désormais je ne veux confier à personne les pieuses communications que vous voudrez bien me faire et satisfaite de pouvoir parler de la Jérusalem céleste avec quelqu'un qui en connaît si bien les voies je ferai en sorte que nous ne soyons que deux dans notre correspondance afin que Dieu soit en troisième*»... Elle parle longuement de la foi: «*ce divin maître qui nous soutient et nous inspire dans le sacrement de l'Eucharistie nous parle encore par les merveilles de la création, par les livres saints, par ses ministres et aussi par ces âmes héroïquement chrétiennes dont les paroles les conseils l'ensemble fortifient ceux qui les aiment..*»
testo tratto da :
http://www.auction.fr/FR/vente_livres_autographes/v8779_piasa/11161885_silvio_pellico_sophie_pannier_femme_de_lettres_12_novembre_1836.html

La Pannier chiarisce che la pubblicazione della lettera in cui Pellico lodava il suo romanzo non era stata autorizzata da lei e quindi in futuro sarà più prudente e non farà leggere ad altri la loro corrispondenza in modo che il discorso sarà limitato a loro due soltanto, al massimo con Dio come testimone.
Probabilmente la Pannier voleva far comprendere a Pellico che teneva alla sua stima e alla sua amicizia in se stesse e non voleva sfruttarle per accrescere la sua fama di scrittrice. In più il termine di amica nell'800 sia in italiano sia in francese aveva un valore ambiguo e poteva essere inteso sia come semplice amica sia come amante.

PELLICO Silvio (Lettre à) — L.A.S. de Sophie PANNIER, Mme de LOURDOUEIX, romancière, 4 pp. pleines in-8, datée «*14 Aoust 39*». 240.–
Longue missive à l'écrivain et patriote italien Silvio PELLICO, pour le prier de bien vouloir recevoir Monsieur Duclésieux. Ce jeune homme a raconté dans ses poèmes les égarements et les souffrances d'une passion coupable

Silvio aveva diversi corrispondenti in Francia e in particolare scriveva abbastanza regolarmente al critico letterario e traduttore Antoine De Latour che aveva curato la prima edizione francese de "Le mie prigioni", ma anche alla romanziera Sophie Pannier di cui apprezzava la capacità di affrontare tematiche etiche e religiose attraverso la forma del romanzo.

---

qui l'a conduit à la folie d'où l'a tiré le dévouement sublime d'une épouse compréhensive : «...*Veuillez l'autoriser à vous aller consulter; il est riche; sa famille désire qu'il prenne quelque distraction et qui mieux que Silvio Pellico peut lui apprendre à supporter avec calme et douceur les pénibles épreuves de cette vie ? Dites un mot et... mon jeune auteur ira vous trouver, prêt à brûler son manuscrit si vous le condamnez, à le corriger si vous l'approuvez, à l'imprimer si vous croyez qu'il puisse contribuer à la gloire de Dieu...*»

Testo tratto da :
http://www.autographe.org/catalogues/CAT46.pdf

**Litografia con firma dell'800 che ritrae Sophie Pannier.**

Nel 1836 Silvio si era riconosciuto in uno dei personaggi di un libro della Pannier che ritrovava la fede religiosa grazie all'amore per una donna, quel libro, però, in Francia era sembrato a molti troppo intimista e moralistico e così il giudizio positivo di Silvio era rimasto abbastanza isolato e qualcuno su una rivista francese aveva ironicamente definito Sophie che allora era vedova "l'amica di Silvio Pellico".

Nel frattempo, Sophie si era risposata col caporedattore di una rivista parigina, ma la sua corrispondenza con Pellico era continuata anche se si sentivano meno di frequente rispetto al passato.

Pannier era il cognome del primo marito di Sophie di professione commerciante che lei aveva sposato nel 1811 e da cui aveva avuto una figlia, il secondo marito, invece, era un nobile, il barone Honoré Lelarge De Lourdoueix, caporedattore della rivista "La Gazette de France".

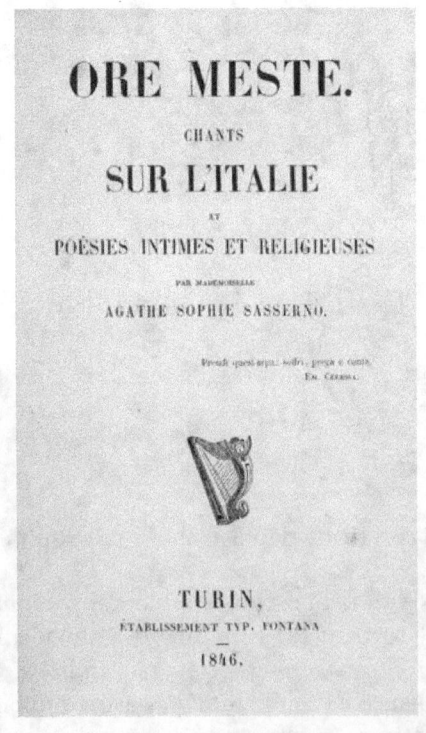

## AGATHE SOPHIE SASSERNO' (1814-1860)

Vigna Barolo, 25 settembre 1843: *"Mademoiselle; vous ne vous apercevez pas combien votre angélìque charité vous fait exagérer.. Mon mérite est nul, cai je n'en ai pas mème dans le sincère et trop juste trìbut d'admiration et de reconnaissance que je vous offre. Il est impossibili de lire vos touchantes et nobles poésies sans apprécier hautemenl l'intelligence élevée qui les produit. Que Dieu vous protège, qu'il vous conserve cette respectable mère qua vous aimez tant qu'il adoucisse vos Croix, qu'il vous entoure des consolations!"*[32]

La Sassernò era nata a Nizza e scriveva in francese, ma si sentiva italiana e ancora di più piemontese (Nizza all'epoca faceva ancora parte del regno di Sardegna e venne ceduta solo nel 1859 alla Francia con grande dispiacere di Garibaldi nato anche egli a Nizza).[33]
Era amica della marchesa e a sua volta poetessa Olimpia Savio di cui Pellico frequentava a Torino il salotto, ma anche della contessa di Masino ed è probabile che Pellico l'abbia conosciuta tramite una di queste due nobildonne.[34]

---

[32] In corso di pubblicazione nell'edizione critica delle lettere in francese del Pellico.
[33] http://pms.wikipedia.org/wiki/Agata_Sofia_Sassern%C3%B2
[34] "Agata Sophie Sassernò (1814-1863), figlia d'un aiutante di campo del gen. Massena; i suoi temi ispiratori coincisero a lungo con le vicende del Regno sardo, finché non venne la grande ora di Garibaldi e di Anita. Dalla periferica e provinciale Nizza, ove s'era formata su Hugo e Lamartine, Agata si compiaceva di cantare in francese il passato sabaudo di Hautecombe, prosa lirica del '42 e, in italiano, Ore meste tre anni dopo lamentando i casi d'Italia. Gliene venne prestigio grande, sia a Torino che Oltralpe, sì da esser accolta nell'Accademia imperiale di Lione e in quella Subalpina. Cantò l'infelice sorte del re sabaudo con sensi d'affetto quasi personali (glli aveva dedicato i Chants d'une jeune fille indulgendo tosto a un desiderio d'appartarsi del "désert profond et solitaire / avec sa voix sauvage").

Le ore della prima guerra d'indipendenza polarizzarono la sua attenzione sul periodo immediatamente successivo, dettando i Canti sulla guerra d'indipendenza, subito inseriti nel volume (1852) Glorie canti e avventure che annoverava versi italiani e francesi. Su quella linea stampava a Torino nel '56 (per L'Unione Tipografica) la Strenna dedicata alle donne piemontesi, ove la Sassernò rivelava piena partecipazione alle sventure d'Italia: "Leggete queste pagine e troverete / tracce di pianti / che voi avete sparsi..."

Ma a Nizza la poetessa si sente in un ambito circoscritto, quasi avesse detto no alla vita "sans savoir le pourquoi", alla ricerca di un ruolo. La sorte sarà generosa con la sua Musa, attenta a Mameli e ad Ugo Bassi, ha la ventura d'assistere allo sbarco a Nizza di Anita e Garibaldi; è l'ora della grande scelta politica ove confluiscono le suggestioni dell'esotico e dell'eroico. Anita le appare "sulle braccia portata / d'una folla idolatra", nero l'occhio che conobbe l'Eroe nelle lotte americane. Proiezione d'un sogno romantico e d'una rivendicazione femminile, Anita ispira la poetessa col suo passato, la sua maternità, che non la sottrae al fascino irresistibile del condottiero. "Elle à quitté pour lui / la Creolle amoreuse / ses parents, es trésors, son Amerique hereuse. Seule avec tres enfants, elle osa, noble mêre, proceder son epoux a travers l'onde amêre".

Ma al canto celebratore s'associa l'esortazione all'Italia ("prendi quest'arpa e prega"); l'arrivo di Anita la riporta al paesaggio, per interrogarvi il "vent franc des savanes / le vent de Bengali / caude / cette coeur fier et doux".

Malgrado la tormentata stagione garibaldina e nizzarda, afferma che Nizza ha udito "un long crì d'allegresse...voilà ces heros".

Una donna, un'eroina ha spinto Agata, ma al suo fianco ella ha intravisto e associato l'eroe d'America e il condottiero della libertà italiana; ora la sua giovanile dedizione ai Savoia muta oggetto e passione, sceglie d'istinto la figura che avvivere il "biennio miracoloso".

Ora sa il pourquoi della vita, malgrado il fatale distacco di Nizza dall'Italia. Ora il correr degli anni, il silenzio, ora la preghiera all'amica piemontese Olimpia Savio di Bernstiel perché s'occupi del riconoscimento della sua italianità: "ci tengo molto a morire italiana". Il desiderio non vien subito soddisfatto; stremata dai malli Agata lascerà questo mondo prima che le venga il conforto d'una riconosciuta italianità che le venne poco dopo la morte, nel 1863." (Scheda biografica tratta da:

lei si occupò anche De Sanctis. La raccolta a cui fa riferimento il Pellico nella lettera del 1843 è la sua raccolta più conosciuta intitolata "Ore meste".

**MARY CATHARINE SEDGWICK (1789-1867)**

Torino, 17 gennaio 1838: *"Come avresti mai potuto, mio caro, non ammirare e non benedire quella sì degna fanciulla americana che ha posto in te la più sincera ed intima amicizia. Io pure nel leggere quelle due lettere di lei così soavi, così egregiamente scritte, così manifestanti un carattere nobile e pio, l'ho ammirata e benedetta. Ti*

http://blog.chatta.it/lamennulara/post/scrittrici-dimenticate-agata-sofia-sasserno.aspx)

*ringrazio d'avermi fatto partecipe di simili due lettere. Quanto ingegno e quanta naturalezza ad affezione in quell'Angioletta! Mi fa anche meraviglia quel suo spontaneo scrivere così giustamente nella nostra lingua ; niuno la sospetterebbe straniera. E dessa forse stata per qualche anno educata in Italia o da persone italiane? Sì, Federico mio, ti ringrazio d'avermi fatto conoscere un'anima tanto meritevole della tua stima ed amicizia, e prego Dio che la colmi d'ogni grazia. Io immagino agevolmente come un cuore di tal fatta abbia simpatizzato col tuo, e facilmente eziandio comprendo il suo desiderio d'esserti consolatrice per tutta la vita. E che dirò dei pensieri che ondeggiano in te fra il ricusare costantemente un nuovo vincolo, oppure determinarviti? Fra il consacrarti o no a Dio solo? Non esiterei di darti un consiglio, s'io sapessi quale? Io credo che in casi d'ondeggiamento fra due partiti possibili ed egualmente conciliabili colla virtù, nessuna umana creatura possa dar consiglio. Prega umilmente il nostro vero, illuminatissimo amico - il Signore - d'ispirarti e sii persuaso che l'ispirazione verrà e farà cessare i tuoi dubbi. Se noi conversassimo insieme di questo affare, non potrei di certo tenerti un altro linguaggio, stante le ragioni che militano nella tua circostanza per un partito o per l'altro. La solitudine e le angosce d'un esule sono tanto dolorose! Chi potrebbe condannarti d'associare la tua esistenza ad un Angiolo di consolazione!"*[35]

Apprezzata romanziera statunitense, ma anche giornalista impegnata nella lotta per l'abolizione della schiavitù e nel riconoscimento dei diritti delle donne,[36] Mary Catharine Sedgwick

---

[35] S. Pellico, "Lettere al conte milanese Federico Confalonieri (1831-1846) A cura di Cristina Contilli, Raleigh, Lulu.com, 2012. (seconda edizione)
[36] "Catharine Maria Sedgwick was born December 28, 1789 in Stockbridge, Massachusetts. Her mother was Pamela Dwight (1752–1807) of the New England Dwight family, daughter of General Joseph Dwight (1703–1765) and granddaughter of Ephraim Williams, founder of Williams College. Her father was Theodore Sedgwick (1746–1813), a prosperous lawyer and successful politician. He was later elected Speaker of the United

States House of Representatives and in 1802 was appointed a justice of the Massachusetts Supreme Judicial Court.[1]

As a child, Sedgwick was cared for by Elizabeth Freeman, a former slave whose freedom her father helped gain by arguing her case in county court in 1781. After winning her freedom Freeman accepted the Sedgwick's offer to work for them for wages. As a young woman, Sedgwick attended a finishing school in Boston to complete her education. One of her schoolmates, Susan Anne Ridley Sedgwick (1788–1867), would become her sister-in-law and a published author.

As a young woman, Sedgwick took charge of a school in Lenox. She converted from Calvinism to Unitarianism, which led her to write a pamphlet denouncing religious intolerance. This further inspired her to write her first novel, "A New-England Tale."

With her work much in demand, from the 1820s to the 1850s, Sedgwick made a good living writing short stories for a variety of periodicals. She died in 1867, and by the end of the 19th century, she had been relegated to near obscurity. There was a rise of male critics who deprecated women's writing as they worked to create an American literature.

Interest in Sedgwick's works and an appreciation of her contribution to American literature has been stimulated by the late 20th century's feminist movement. Beginning in the 1960s, feminist scholars began to re-evaluate women's contributions to literature and other arts, and created new frames of reference for considering their work. In addition, the advent of low-cost electronic reproductions, which became available at the end of the 20th century, made Sedgwick and other nineteenth-century authors' work more accessible for study and pleasure.

Edgar Allan Poe described Sedgwick in his "The Literati of New York City" (1846): " She is about the medium height, perhaps a little below it. Her forehead is an unusually fine one nose of a slightly Roman curve; eyes dark and piercing; mouth well-formed and remarkably pleasant in its expression. The portrait in "Graham's Magazine" is by no means a likeness, and, although the hair is represented as curled, (Miss Sedgwick at present wears a cap—at least, most usually,) gives her the air of being much older than she is."

Sedgwick is buried in the family plot in Stockbridge, Massachusetts. Her family arranged to have Freeman buried in their family plot as well, and had

1837-1838, anche se già dal 1834 la scrittrice era in contatto con gli esuli italiani presenti negli Stati Uniti, visto che trascrisse una lettera di Pellico indirizzata al Maroncelli prima che quest'ultimo regalasse l'originale ad Andrew Norton, professore universitario e traduttore che nel 1836 in collaborazione con Maroncelli curò la pubblicazione di un'accurata traduzione de Le mie prigioini che avrebbe dovuto sostituire la traduzione inglese del Roscoe non sempre precisa e fedele all'originale, pubblicata tre anni prima.

Oggi la copia realizzata dalla Sedgwick si trova nel fondo Maroncelli presso la Biblioteca Comunale di Forlì, mentre l'originale si trova presso la Biblioteca dell'università di Harward a cui venne donato dallo stesso Norton.[37]

---

a tombstone inscribed for her.

Sedgwick became one of the most notable female novelists of her time. She wrote work in American settings, and combined patriotism with protests against historic Puritan oppressiveness. Her topics contributed to the creation of a national literature, enhanced by her detailed descriptions of nature. Sedgwick created spirited heroines who did not conform to the stereotypical conduct of women at the time. In her final novel, Married or Single (1857), she put forth the bold idea that women should not marry if it meant they would lose their self-respect (but she married off her heroine). (scheda biografica tratta da: http://en.wikipedia.org/wiki/Catharine_Sedgwick)

[37] http://oasis.lib.harvard.edu/oasis/deliver/~hou01439

**Mary Catharine (Catherine) Segdwick**

Dalle lettere tra Pellico e Confalonieri sappiamo che la Sedgwick conosceva abbastanza bene la lingua italiana tanto da poter leggere opere in lingua originale e per questo Confalonieri chiese a Pellico di scrivere una "nota di libri" che avrebbero potuto permetterle di farsi un'idea della letteratura italiana passata e presente.

Nel 1841 la Sedgwick fece un viaggio in Italia e conobbe di persona il Pellico come raccontò in un suo reportage in cui, oltre a ripetere le consuete osservazioni dei viaggiatori stranieri secondo cui Pellico aveva un carattere mite e gentile come lasciavano presagire i suoi libri, aggiunse un'osservazione più personale raccontando che il Pellico le aveva confidato che aveva pochi amici a Torino e le gli aveva risposto che grazie ai suoi libri aveva, però, amici in tutto il mondo che lo stimavano e intrattenevano volentieri una corrispondenza con lui.[38]

La Segdwick che non si sposò mai, era stata nel 1837 vicina al matrimonio con Federico Confalonieri che soffriva particolarmente la solitudine dell'esilio e aveva trovato nella scrittrice statunitense una donna colta e affettuosa. Alla fine, però, prevalse probabilmente in Confalonieri il desiderio di tornare in Europa più vicino ad amici e familiari e così Confalonieri si sposò soltanto nel 1841 con la contessina irlandese Sophia O'Ferral. A voler essere maliziosi si potrebbe anche osservare che la Sedgwick era coetanea di Confalonieri, essendo nata nel 1789, mentre il conte era del 1785, mentre la O'Ferral era molto più giovane del marito, essendo nata nel 1812.

---

[38] Tait's Edinburgh magazine - Volume 8 - Pagina 599
*books.google.it/books?id=w_k_AAAAYAAJ*
William Tait, Christian Isobel Johnstone - 1841 - Leggi - Altre edizioni
Presently, Madame Martin, the wife of the pastor, entered with a pile of garments cut out and ready for her coadjutors. ... **We should have resisted the temptation of following Miss Sedgwick across the Alps, save for this peep of Silvio Pellico.**

*Lady Morgan.*

*After an original drawing by S. Lover.*

*Johnson, Wilson & Co. Publishers, New York.*

Lady Morgan, gravé par Robert Cooper, 1825, d'après Samuel
Lover.

## LADY SYDNEY (OWENSON) MORGAN (1776/1781-1859)[39]

---

[39] Per lady Morgan ho trovato in storie della letteratura ed enciclopedie
diverse date di nascita.

**"Silvio Pellico was the delight of all; he was then all poetry."**[40]

Scrittrice irlandese di poesie patriottiche, resoconti di viaggio e romanzi storici venne conosciuta dal Pellico nel pieno delle battaglie tra classici e romantici e della stagione della rivista "Il Conciliatore".[41]

---

[40] W. H. Dixon (a cura), "Lady Morgan's memoirs: autobiography, diaries and correspondence", Nabu Press, 2010 (ristampa dell'edizione del 1861).

[41] "L'une des figures les plus discutées de sa génération, elle commença une carrière précoce avec un volume de poèmes. Puis, elle collectionna des airs irlandais, sur lesquels elle composa des paroles, lançant ainsi une mode qu'adoptera plus tard avec succès Thomas Moore. Son "St Clair" (1804), une nouvelle sur un mariage raté, dénote outre sa nature passionnée, l'influence de Johann Wolfgang von Goethe et de Jean-Jacques Rousseau. Il éveilla l'attention des spécialistes. C'est en 1804 qu'elle évoqua le nom du mystérieux personnage Tom Scraw, qu'elle prétend avoir rencontré dans ses songes. Il devint une source d'inspiration, qui lui aura valu plusieurs nouvelles dont The Strange Encounters of Mr Scraw (1805). Dans une autre nouvelle, "The Novice of St Dominick" (1806), se retrouvent ces mêmes qualités imaginatives et descriptives. Mais le livre qui lui assurera une réputation (très controversée) fut "The Wild Irish Girl (La sauvageonne irlandaise)" (1806), dans lequel elle apparaît comme une ardente patriote (plus politicienne que réellement nouvelliste). Elle y exalte la beauté de sa terre natale, l'Irlande, ses richesses naturelles et la noblesse de ses traditions. Elle s'identifiera dans les cercles Catholiques et libéraux qu'elle fréquente sous le nom de son héroïne Glorvina. "Patriotic Sketches and Metrical Fragments (Poèmes et scènes patriotiques)" suivit en 1807. En 1811, elle publia "The Missionary: An Indian Tale (Le missionnaire: un conte indien)." Elle reprit ce conte, peu de temps avant sa mort sous le titre de Luxima, the Prophetess (Luxima, la Prophétesse), à ce sujet, Percy Bysshe Shelley déclara son admiration pour The Missionary et spécialement son héroïne. Il avoua également en avoir subi l'influence pour ses propres écrits orientalistes. En 1811, Miss Owenson entra dans la suite de John Hamilton, premier Marquis d'Abercorn, et en 1812, persuadée par sa femme Anne Jane Gore, Lady Abercorn, elle épousa le chirurgien du Marquis, Thomas Charles Morgan. Il fut plus tard anobli, comme chevalier. Elle continua

Nell'edizione delle "Lettere milanesi" del Pellico sono frequenti i riferimenti a questa scrittrice nelle lettere che Silvio invia al fratello Luigi, tenendolo aggiornato sulla vita culturale e mondana di Milano, ma non è presente nessuna lettera indirizzata direttamente alla Morgan.

Di recente sul mercato antiquario è venuta fuori, però, una lunga lettera in francese scritta dal Pellico alla Morgan su incarico del conte Luigi Porro in cui si parla dei motivi che hanno portato alla chiusura della rivista "Il Conciliatore", ma si accenna anche ad altri eventi dell'autunno 1819, come la morte di Filippo Di Breme, fratello maggiore dello scrittore Ludovico Di Breme e un'esposizione di una scultura di Bartolini e un quadro di Palagi. Il marito della Morgan era medico e in questa lettera infatti si dice che la marchesa Trivulzio

---

d'écrire aussi facilement de nombreux livres. En 1814 elle publia sa meilleure nouvelle, O'Donnell. Elle y décrit finement les classes les plus pauvres. En 1817, elle produisit une étude : "la France sous la Restauration des Bourbons", ce qui lui valut d'être attaquée avec une rare fureur dans la Quarterly Review. L'auteure y est accusée de Jacobinisme, falsification, licence fautive et impiété. Elle prendra sa revanche indirectement dans une autre nouvelle: Florence Macarthy (1818), dans laquelle un rédacteur du Quarterly, Con Crawley, est insulté avec une suprême ingénuité.

Comme suite à sa France, elle publia "Italy", en 1821; Lord Byron témoigna de la justesse de ses « scènes de vie ». Elle résuma ses études historiques italiennes dans "Life and Times of Salvator Rosa" (1823).

Puis, elle retourna à ses idées irlandaises avec Absenteeism (1825) et The 'O'Briens and the O'Flaherties, une nouvelle romantique, (1827). Lady Morgan obtint une pension de 300 £ de William Lamb, second Vicomte de Melbourne. Ses derniers ouvrages furent The Book of the Boudoir (1829), Dramatic Scenes from Real Life (Scènes dramatiques de la vraie vie) (1833), The Princess (1835), Woman and her Master (1840), The Book without a Name (1841), Passages from my Autobiography (1859)." (Scheda tratta da: http%3A%2F%2Fen.wikipedia.org%2Fwiki%2FSydney%2C_Lady_Morga n&ei=ZCZXUOPeJdDYsga3q4HwDg&usg=AFQjCNEpJOCiywxmfQoF9 uRc61Zy6ypWlQ)

sta meglio grazie anche al fatto che ha seguito i consigli di Rasori e dello stesso sir Morgan.[42]

La Morgan è presente, inoltre, nel "Carteggio del conte Federico Confalonieri" pubblicato in tre volumi ad inizio '900 a cura di Giuseppe Gallavresi, oltre ad essere citata nelle "Memorie" del patriota piemontese Santorre Di Santarosa, a testimoniare la sua vicinanza agli ambienti liberali dell'epoca anche per un'affinità di situazione tra la sua Irlanda che combatteva per la libertà dall'Inghilterra e l'Italia che combatteva per l'indipendenza dal dominio austriaco e l'unità politica.

Questo non le impedì, però, nei suoi resoconti di viaggio di tracciare un quadro piuttosto critico della situazione economica e culturale dell'Italia e di ironizzare anche sui suoi vecchi amici milanesi dal Di Breme che secondo lei era solo uno dei tanti che avevano ricoperto la carica di "elemosiniere" durante il periodo napoleonico al Pellico che dopo la liberazione dal carcere "era entrato ai lavori forzati in casa della Barolo".

---

[42] http://www.roma.bloomsburyauctions.com/detail/ROMA-20/728.0

Marcelline à 24 ans

NOIRET Phot.　　56, Rue Daguerre, PARIS

## MARCELLINE DESBORDES-VALMORE (1786-1859)

« *J'ai Silvio Pellico, italien et français, magnifiquement relié.* » (Da una lettera della Valmore del 1840)

Non ho trovato lettere dirette dalla Valmore al Pellico o viceversa, nell'edizione dell'epistolario della Valmore occupa, però, un posto importante, lo scrittore Antoine de Latour, traduttore ed amico del Pellico. Per questo credo che la Valmore possa essere inclusa tra le autrici francesi che hanno letto le opere del Pellico e ne sono rimaste colpite per la forza e la sensibilità dei suoi contenuti.

**BIBLIOGRAFIA ESSENZIALE:**

E. Bottasso, "Le edizioni Pomba 1792-1849", Torino, Utet, 1969.

A.M. Bernieri, "Angelica Palli l'amore e il mare", Manidistrega, 2011.

C. Cantù, "Il Conciliatore e i carbonari episodio", Milano Fratelli Treves, 1877 (ristampa Bertrams Print on Demand, 2010).

L. Colet, "Poésies choisies: Ce qui est dans le coeur des femmes ce qu'on rêve en aimant", Paris, Editions Myoho, 2011.

R. De Cesare, "Silvio Pellico e Louise Colet" in "Giornale storico della letteratura italiana", XC, 1973, pp. 350-362.

W. H. Dixon (a cura), "Lady Morgan's memoirs: autobiography, diaries and correspondence", Nabu Press, 2010 (ristampa dell'edizione del 1861).

D. E. Enfield, "A Lady of the Salons: The Story of Louise Colet", London, Forgotten Books, 2012.

M. Fantastici Rosellini, "Amerigo. Canti Venti", Nabu Press, 2010 (ristampa dell'edizione fiorentina del 1843).

A. D'Ancona-G. Gallavresi (a cura), "Carteggio del conte Federico Confalonieri", Bibliobazaar, 2010, 3 v. (ristampa dell'edizione pubblicata tra il 1911 e il 1913).

M.Kelley, L. Damon-Bach-Victoria Clements, "Catharine Maria Sedgwick: Critical Perspectives", Northeastern University Press, 2002.

S. Morgan, "Italy", Kessinger Pub Co, 2008 (ristampa dell'edizione del 1821).

S. Pannier, "L'ateo: romanzo morale; prima versione italiana di Carlo Nicola De Vigili.", Milano: Pirotta, 1838.

S. Pellico, "Cantiche e poesie varie", Firenze, Le Monnier, 1860.

Id., "Epistolario. Raccolto e pubblicato per cura di Guglielmo Stefani, "Firenze, Le Monnier, 1856.

Id., "Lettere alla donna gentile, , pubblicate a cura di L. Capineri-Cipriani", Roma, Società editrice Dante Alighieri, 1901.

Id., "Lettere alla poetessa fiorentina Massimina Fantastici Rosellini (1838-1844). Edizione critica a cura di Cristina Contilli", Raleigh, Lulu.com, 2012.

Id., "Lettere alla poetessa fiorentina Nina Olivetti. Edizione critica a cura di Cristina Contilli", London, Lulu.com, 2010.

Id., "Lettere alla scrittrice fiorentina Quirina Mocenni Magiotti (1830-1847), London, Lulu.com, 2010.

Id. "Lettere al fratello Luigi e agli scrittori piemontesi (1832-1853). Edizione critica a cura di Cristina Contilli", Raleigh, Lulu.com, 2012 (seconda edizione).

Id., "Lettere al conte milanese Federico Confalonieri (1831-1846), Raleigh, Lulu.com, 2012 (seconda edizione).

Id., "Lettere milanesi (1815-1821) A cura di Mario Scotti", Torino, Loescher-Chiantore, 1963.

Id. "Poesie inedite", Torino, Tipografia Chirio e Mina, 1837, 2 v.

Id., "Versi d'amore", Raleigh, Lulu.com, 2012.

I.Rinieri, "Della vita e delle opere di Silvio Pellico. Primo volume", Torino, Libreria di Renzo Streglio, 1898 (ristampa Nabu Press, 2010).

A.S. Sassernò, "Ore meste", Torino, Tipografia Fontana, 1846.

Théodore Hersart La Villemarqué (a cura) "Chants populaires de la Bretagne", Editions du Layeur, 1999.

**INTERNET:**

Umberto Ragozzino, "Il Risorgimento in un borgo rurale attraverso la vita di Quirina Mocenni Magiotti e di Pirro Giacchi", Firenze, Consiglio Regionale, 2011:
http://www.consiglio.regione.toscana.it/upload/eda/pubblicazioni/pub3977.pdf

Schede biografiche di lady Sidney Morgan:
http://www.treccani.it/enciclopedia/lady-sydney-morgan/

http://fr.wikipedia.org/wiki/Lady_Morgan

Schede biografiche di Agathe Sophie Sassernò:
http://pms.wikipedia.org/wiki/Agata_Sofia_Sassern%C3%B2

http://blog.chatta.it/lamennulara/post/scrittrici-dimenticate-agata-sofia-sasserno.aspx

Scheda biografica di Rosa Taddei:
http://www.lib.uchicago.edu/efts/IWW/BIOS/A0368.html

Scheda biografica di Giulia Molino Colombini:
http://www.italiaunita150.it/sala-stampa/le-donne-del-risorgimento/giulia-molino-colombini.aspx

Schede biografiche di Massimina Fantastici Rosellini:

http://it.wikipedia.org/wiki/Massimina_Rosellini_Fantastici

http://www.treccani.it/enciclopedia/massimina-rosellini-fantastici/

http://siusa.archivi.beniculturali.it/cgi-bin/pagina.pl?TipoPag=comparc&Chiave=353814&RicProgetto=personalita

Lettere al padre e all'uomo amato di Angelica Palli Bartolommei: http://angelicapalli.blogspot.it/

Schede biografiche di Mary Catharine Sedgwick:

http://en.wikipedia.org/wiki/Catharine_Sedgwick

http://cmsedgwicksociety.org/sedgwick-chronology/

http://stephencrose.wordpress.com/2010/04/05/catharine-maria-sedgwick/

**Altri link interessanti che ho usato per documentarmi:**

http://www.mdhs.org/betsy-bonaparte/tag/lady-sydney-morgan

http://www.britannica.com/EBchecked/topic/1365077/Sydney-Morgan-Lady-Morgan

http://www.ebay.com/itm/Gravure-PORTRAIT-FEMME-SOPHIE-PANNIER-LITTERATURE-PRETRE-EMPIRE-PARIS-/350527150695?pt=FR_JG_Art_Estampes&hash=item519d0bda67

http://booksnow1.scholarsportal.info/ebooks/oca4/9/epistolariocompr00foscuoft/epistolariocompr00foscuoft.pdf

http://cataloghistorici.bdi.sbn.it/dett_catalogo.php?IDCAT=150

http://www.culturaitalia.it/opencms/opencms/system/modules/com.culturaitalia_stage.liberologico/templates/viewItem.jsp?language=it&case=&id=oai%3Aartpast.org%3A0900338109

**MARCELLINE DESBORDES-VALMORE POETESSA FRANCESE AMICA DI ANTOINE DE LAUTOUR ED AMMIRATRICE DI SILVIO PELLICO:**

http://it.wikipedia.org/wiki/Marceline_Desbordes-Valmore

Une femme à l'écoute de son temps: Marceline Desbordes-Valmore
books.google.it/books?id... - Traduci questa pagina

Marc Bertrand - 1997 - Visualizzazione snippet - Altre edizioni

Les chefs-d'oeuvre lyriques de Marceline Desbordes-Valmore. Choix ...
books.google.it/books?id... - Traduci questa pagina

Marceline Desbordes-Valmore - 1886 - Visualizzazione snippet - Altre edizioni
Oeuvres poétiques de Marceline Desbordes-Valmore - Volume 1 - Pagina xxvii

books.google.it/books?id... - Traduci questa pagina

Marceline Desbordes-Valmore, Auguste Lacaussade - 1886 - Visualizzazione snippet - Altre edizioni
Marceline Desbordes-Valmore, Auguste Lacaussade ... je lis les lignes suivantes qui me semblent se rapporter au personnage mystérieux (M. de Latour, poète et traducteur de Silvio Pellico, admirateur de Mmc Valmore, avant d'écrire sur ses ...

La Rassegna della letteratura italiana - Volumi 36-37 - Pagina 223
books.google.it/books?id=G8o7AQAAIAAJ
1928 - Visualizzazione snippet - Altre edizioni
(15 aoùt) Boyer d'Agen « Correspondances romantiques » Sophie gay à Marce- line Desbordes- Valmore. ... nostra letteratura; Boyer d'Agen, Pour le centenaire du romantisme, Leltres de Mademoiselle Mars et de Marceline Desbordes- Valmore. ... II del 1925: tratta ancora di avvenimenti e persone dell'anno 1835, con nuove lettere dell'Accursi e d'altri; Attilio Begey, Le « Mie Prigioni-» di Silvio Pellico e ...

Dante and the French Romantics - Pagina 102
books.google.it/books?isbn=2600036156 - Traduci questa pagina
Michael Pitwood - 1985 - Anteprima - Altre edizioni
(Arthus Fleury, 'A Silvio', 1841)" Ah! vous me regardez et vous
murmurez: DANTE! ... (Marceline Desbordes-Valmore, 'A 1'auteur
de Marie, M. Brizeux', 1843)12 Ami, dans votre ame ardente, Vous
rouvrez ... Pellico, Franfoise de Rimini

Antologia delle poetesse romantiche inglesi - Volume 2 - Pagina 1195
books.google.it/books?isbn=8843023802
Lilla Maria Crisafulli - 2003 - Visualizzazione snippet - Altre edizioni
Altre letterature Eventi storici, invenzioni e curiosità Silvio Pellico,
Le mie prigioni. George Sand, Indiana. Alfred de Vigny, Stello.
Honoré de ... Marceline Desbordes-Valmore, Les Pleurs. Factory Act:
limitazione del lavoro minorile in Inghilterra.

Les oeuvres poétiques de Marceline Desbordes-Valmore - Volume 2 -
Pagina 709
books.google.it/books?id... - Traduci questa pagina
Marceline Desbordes-Valmore, Marc Bertrand - 1973 -
Visualizzazione snippet - Altre edizioni
Marceline Desbordes-Valmore Marc Bertrand ... C'est dans cette
prison que fut détenu Silvio Pellico, de I820 à I830, après un procès
politique dépourvu des plus élémentaires garanties, au terme duquel
il fut condamné à mort, pour un ...

Correspondance intime de Marceline Desbordes-Valmore - Volume 1
- Pagina 86
books.google.it/books?id... - Traduci questa pagina
Marceline Desbordes-Valmore, Benjamin Rivière - 1896 -
Visualizzazione snippet - Altre edizioni
Marceline Desbordes-Valmore Benjamin Rivière. à personne. Qu'ai-je
de biographie, moi qui vis dans une armoire. ... J'ai Silvio Pellico,
italien et français, magnifiquement relié. J'ai le beau, l'adorable livre
de M. Victor Hugo, cette immense ...

La vie douloureuse de Marceline Desbordes-Valmore - Pagina 2
books.google.it/books?id... - Traduci questa pagina
Lucien Descaves - 1910 - Visualizzazione snippet - Altre edizioni
... Antoine de Latour, le traducteur de Silvio Pellico : Cette frêle
existence, monsieur, s'est glissée comme à regret sur la terre, ... a
racheté cette discrétion en émaillant ses Élégies, quelques contes 2
MARCELINE DESBORDES- VALMORE.

Louis Aragon et Marceline Desbordes-Valmore: Essai de prosodie ...
- Pagina 192
books.google.it/books?isbn=2951121601 - Traduci questa pagina
Marc Bertrand, Geneviève Torlay - 1997 - Visualizzazione snippet
Le retour à Bordeaux, E.M. /599/ • soit de vers à vers : Là, le
rossignol quelquefois Va poser son aile et sa voix. Au traducteur de
Silvio Pellico, P.Is. /634/ • soit à distance : Qu'un peu plus tôt cette
voix qui m'éclaire N'a-t-elle dit, moins flatteuse ...

www.ingramcontent.com/pod-product-compliance
Lightning Source LLC
Chambersburg PA
CBHW071240280526
45788CB00004B/1517